nombres DE PERROS

CÓMO LLAMAR A TU MASCOTA

Vicente Bustillo

©Editorial Pinolia, S.L.

©Textos: Vicente Bustillo, 2022

Primera edición: marzo de 2022

www.editorialpinolia.es
info@editorialpinolia.es

Diseño y maquetación: Andrés Pérez Muñoz

Ilustraciones: Saskia Huiskamp Pajerols

Diseño cubierta: Álvaro Fuster-Fabra

Iconos: diseñados por Freepik

Depósito Legal: M-21625-2021
ISBN: 978-84-18965-03-6

Impresión y Encuadernación: Novoprint S. A.

Printed in Spain. - Impreso en España

A RUFUS, QUE,
SIN SER CONSCIENTE,
ME DIO ALGUNAS DE
LAS TARDES MÁS
FELICES DE MI VIDA.

ÍNDICE

Goga

PRÓLOGO

Mi perro se llama Rufus.

Y tengo que reconocer que no le dimos muchas vueltas a la cuestión del nombre. Tampoco tuvimos mucho tiempo para pensarlo. Nos avisaron de que había una camada de cinco cachorros mestizos en un centro de adopción un jueves y el sábado por la mañana estábamos recogiéndolo.

Allí lo habían llamado Norón. ¿Norón? Sí, Norón, no Nerón. En realidad, la familia que encontró la camada le había puesto Nerón, pero al llevarlos al centro dijeron que ya tenían uno con ese nombre, así que le bautizaron como Norón.

A nosotros no nos gustaba Norón. Era un nombre de descarte. Y, mientras volvíamos en el coche con él, surgió la pregunta clave: ¿y cómo le llamamos? Mi mujer respondió: «A mí me gusta Rufus». Yo miré aquella bolita de pelo negro que no paraba de temblar con patitas y hocico marrón canela y, mientras le acariciaba, recuerdo que simplemente dije: «Sí, me gusta Rufus».

No reflexionamos demasiado sobre su nombre. Simplemente tuvimos la clarividencia de saber que aquel nombre era el adecuado. Fue después cuando me di cuenta de que el nombre de cada perro esconde un significado. Y dice tanto del perro como del dueño o de la zona en la que viven. Mientras que en los barrios hipsteres puedes coincidir con perritos con nombres como Haneke (como el director de cine Michael Haneke) o Kerouac (por el escritor Jack Kerouac), en zonas pijas abundan los Mencía, Jacobo o León.

Ahí fue cuando empecé a conocer historias sobre la elección de nombre para el perro. A diferencia de la mía, en la mayor parte de los casos, la deliberación no fue ni rápida ni sencilla. Todo se agrava en el caso de familias con niños, siempre con ganas de aportar ideas. Pero, además, ahí descubrí que había unas ciertas normas a la hora de poner nombre a una mascota relacionadas con la capacidad de entendimiento de los perros. Con todo lo aprendido, he intentado hacer una guía divertida que facilite la elección de nombre para tu cachorro. Un proceso que ha sido definido como un arte, una ciencia y una intuición.

Por cierto, Rufus me acompañó, tumbado a mi lado y aprovechando los rayos de sol que entraban por el balcón del salón, durante las horas que empleé en escribir este libro. Murió a los catorce años, justo antes de enviar el manuscrito a imprenta. Os manda un saludo desde el otro lado.

DIEZ REGLAS DE ORO PARA ESCOGER NOMBRE

Betty

1 ELIGE UN NOMBRE CORTO

Algo claro y conciso. Si pueden ser dos sílabas, mejor que tres. Un nombre corto capta mucho mejor la atención del perro, ayuda en el adiestramiento y facilita el aprendizaje de las normas básicas. Entiendo que, si eres amante del café italiano, puedas sentirte tentado a llamarle Cappuccino. Pero créeme: después de gritarlo repetidamente en el parque cada vez que se te escape, terminarás adoptando un diminutivo para acortar. Hazte un favor y, si eres cafetero, mejor escoge Moka.

2 CUIDADO CON LAS CONFUSIONES

A menudo subestimamos la capacidad de los perros para entender el lenguaje humano. Pero estudios científicos confirman que los perros pueden entender hasta setenta y cinco órdenes y responder ante ellas. Esas órdenes tienen que ser cortas y claras. Por ejemplo: «vamos», «busca» o «sentado». Conviene que su nombre no se parezca a ninguna de esas palabras clave para evitar confusiones. Si le pones Roma puede sonarle parecido a «toma». Y si le llamas Lara es posible que le recuerde a «para». Piénsalo antes.

3 MEJOR SI EMPIEZA POR CONSONANTE FUERTE

Los perros, como los gatos, tienen el sentido del oído mucho más desarrollado. Lo habrás notado en casa, cada vez que les ves levantar las orejas segundos antes de que tú escuches a alguien subir por la escalera. Ellos tienen la capacidad de captar muchos más sonidos que nosotros e incluso distinguir rangos de frecuencia. Por eso vas a lograr captar su atención mucho mejor si escoges un nombre que empiece por una consonante fuerte y termine por una vocal. ¿Por ejemplo? Rocco o Taco.

4 EVITA LOS NOMBRES FAMILIARES

Tu abuelo, tu padre y tú os llamáis Felipe. Y ahora tú has pensado en seguir esa tradición (un pelín narcisista, por qué no decirlo...) con tu cachorro. Por muy divertida y sarcástica que te parezca la idea de crear un linaje familiar con tu perro a través del nombre, es mejor que deseches la idea. Un niño puede entender que haya dos, tres o cuatro felipes en la familia, pero posiblemente tu perro se despistará mucho y creerá que se dirigen a él cada vez que escuche el nombre.

5 PIENSA EN SU PERSONALIDAD

¿Puede un pomerania llamarse Sansón? ¿Y un rottweiler llamarse Bolita? La respuesta es la misma en los dos casos: sí, claro. Pero también es aconsejable elegir el nombre de tu perro en función de su personalidad real. Obsérvale, descubre sus gustos y no pienses solo en cómo le ves de cachorro, sino en cómo será de mayor. El nombre va a condicionar la manera en la que la gente le vea. Y nadie quiere que se rían de su perro cada vez que te escuchen decir su nombre.

6 ¿Y SI YA TIENE UN NOMBRE?

Si tu perro ha sido adoptado en una protectora (¡punto extra para ti!), seguramente ya tenga nombre. Pero, claro: ¿qué pasa si no te gusta? Si es menor de cuatro meses, no hay ningún problema para cambiárselo, porque a esa edad aún no está familiarizado con su nombre. Si es más mayor, también lo puedes hacer, pero posiblemente le costará más adaptarse. Intenta elegir otro con una sonoridad similar. Si cambias de Toby a Robbie le va a ser más fácil que si cambias de Thor a Canela. ¡No olvides darle un premio cada vez que reconozca su nuevo nombre!

7 SÉ ORIGINAL

Igual que ocurre con los nombres de personas, también existen entre los perros nombres que se hacen populares, derivan en una moda y terminan convirtiéndose casi en una epidemia. Eso ha pasado en los últimos años, por ejemplo, con los nombres de Luna y Coco que copan el top entre los cachorros españoles. Si no quieres gritar el nombre de tu perro en el parque y que te vengan otros tres, mejor sé original. Busca entre tus gustos y aficiones hasta encontrar el nombre perfecto.

8 DECIDIDLO EN FAMILIA

Esto es especialmente recomendable cuando hay niños en casa. Seguro que ellos querrán ponerles nombres impronunciables provenientes de series de televisión, videojuegos o mangas. Pero de nada sirve «bautizar» al perro como Demogorgon, Darkrai o Kochikame, si los padres no van a saber dirigirse a él (los abuelos ni lo van a intentar). En este caso, es importante organizar una reunión, hacer una lista de nombres y votar entre todos. Atención, padres, aseguraos de utilizar vuestro voto con sensatez.

9 SIN CONNOTACIONES NEGATIVAS

La mayoría de los cachorros no son fáciles. Son extremadamente inquietos, necesitan morder y su curiosidad les lleva a hurgar en todas tus cosas. Es posible que, los primeros días en casa, muerda las patas de la mesa de madera hasta parecer que ha pasado un sacapuntas, deje los cojines sin espuma y devore todos los libros de la estantería (y no en el sentido figurado). Pero no caigas en el error de ponerle un nombre como Satán o Chucky. Piensa que hay gente que tiene miedo a los perros. Un nombre así no va a ayudar al cachorro a hacer amigos.

10 HAZ UNA PRUEBA

Disponer de un periodo de prueba te ofrece la garantía de que no te vas a equivocar. Concédete una hora para pasear con tu perro, probar a llamarle, ver lo cómodo que te resulta a ti pronunciar su nombre y observar su reacción. Prueba también a utilizar apodos del nombre. Si estás pensando en ponerle Indiana y al final te notas más cómodo llamándole Indy, ¿por qué no llamarle directamente Indy?

CASTIZOS

Paco

Representan un movimiento por la recuperación de nombres y diminutivos típicos españoles en peligro de extinción. Es decir: todos aquellos, comunes entre los amigos de tus abuelos, que ni las modas han logrado traer de vuelta entre los niños. Ahora, hípsteres redimidos que han abrazado con ímpetu lo popular, lo tradicional y hasta lo folclórico, han decidido devolverlos al presente para sus cachorros. Escucharás estos nombres en barrios *cool* como Malasaña (Madrid) o en *L'Eixample* (Barcelona).

CHARI

Del nombre Rosario, que significa 'guirnalda de rosas'.
Son perritas con un carácter más similar al de los gatos.
Bajo una apariencia calmada y flemática, esconden una
personalidad nerviosa, compleja y huidiza. Son curiosas, pero
les puede su carácter distante. Prefieren observar desde la
barrera y darse un tiempo hasta establecer confianza. Una
vez que se familiariza, también sabe ser cariñosa.

Perfecto para una **basenji**, una raza independiente,
autosuficiente, prácticamente inodora y que ni siquiera ladra
Felicítala el 7 de octubre, Virgen del Rosario.

CHITA

No del chimpancé sino de Conchita, derivado de
Concepción. Significa 'junto a alguien'. Son perras a las que
les gusta estar siempre pegadas a sus dueños.
¿A tu perro también? Pues a ellas un poco más todavía.
Son idealistas y necesitan siempre un dueño al que admirar.
Prueba a levantarte, cambiar de sillón, irte a la cocina y
volver. La tendrás siempre pegada a tu pernera.

Perfecto para un **samoyedo**, grandes cachorros a los que
les encanta estar acurrucado a sus dueños.
Felicítala el 8 de diciembre, santa Inmaculada Concepción,
festivo nacional en honor a tu perra.

COQUE

Forma infantil de decir Jorge, proveniente del griego y que
quiere decir 'el que trabaja la tierra'. Los perros con este
nombre tienen una gran firmeza y seguridad.
Muestran un gran esfuerzo y se adaptan a cualquier
misión que se les encomiende. Guardar sus juguetes en la
caja, llevar la ropa sucia a la lavadora, coger el mando a
distancia... Prueba a ponerle estas tareas para empezar.

Perfecto para un **border collie**, una de las razas más
inteligentes. Comprobarás que pueden aprender (casi)
cualquier labor.
Felicítalo el 23 de abril, san Jorge de Capadocia. A partir
de ahora, compra una rosa, un libro y un regalo para él.

LOLA

Diminutivo de Dolores o de Fabiola. Corresponde a perritas
con carácter e incluso autoritarias, de esas que siempre
tienen que decir el último ladrido. Son persuasivas, pero
también disponen de fuerza y paciencia para conseguir su
objetivo. Si desean subirse a tu cama, puedes estar seguro
de que lo conseguirán de un modo u otro, por muy cortas
que tengan las patitas.

Perfecto para una **chihuahua**, conocidos por tener
un temperamento inversamente proporcional a su tamaño.
Felicítala el 15 de septiembre, Nuestra Señora de los
Dolores.

MONCHO

Apelativo cariñoso para Ramón, que en realidad es un
nombre proveniente del germánico Reginmund, que significa,
consejero protector, son perros que tienen muy desarrollado
el instinto de salvaguardia. No rehúsan la soledad y, a
menudo, prefieren pasar largos ratos tumbados debajo
del recibidor en la entrada de casa que con el resto de la
familia o en su propia colchoneta.

Perfecto para un **lhasa apso**, proveniente del Tíbet. Un buen
perro guardián y de alarma, pero también independiente y
tranquilo.
Felicítalo el 31 de agosto, san Ramón Nonato.

PACO

El diminutivo más famoso de Francisco, que literalmente significa 'el francés'. Por tanto, nombre obligatorio si tu cachorro llega, como antiguamente los bebés, de París (o de cualquier otro punto del país galo). Dicen que el diminutivo Paco suele implicar cierta superficialidad y un carácter rutinario. Evita desconcertarle y cede a sus tirones de correa antes de intentar variar el paseo habitual.

Perfecto para un **bulldog francés,** también conocidos como frenchies, una raza de carácter bonachón, sociable y juguetón.
Felicítalo el 3 de octubre, san Francisco de Borja. Y si lo olvidas, al día siguiente tienes una nueva oportunidad: 4 de octubre, san Francisco de Asís.

Pepe

Proviene de las siglas de *Pater Putativus* 'padre putativo', que eran las que solían acompañar al nombre de José de Nazaret para hablar de él en textos medievales y modernos. Aunque el significado hebreo de José es «pequeño hombre humilde», lo cierto es que la forma abreviada Pepe está vinculada a un carácter extrovertido y con gracia. Para perritos que disfrutan siendo el centro cada vez que hay visitas.

Perfecto para un **pembroke welsh corgi,** un perro alborotador travieso y divertido (¿es posible no sonreír al mirarlo?).
Felicítalo el 19 de marzo (¡por supuesto!).

ROMA

Femenino de Pedro, que en latín significa 'firme como la piedra'. Las perritas con este nombre son inteligentes y exhalan cierto aire de líder que les hace ganarse el respeto entre los suyos. Es normal que, cuando haya una pelea entre dos cachorros, ellas sean las primeras en acercarse para exigir con sus ladridos el final de la disputa. En casa es muy cercana y protectora con la familia.

Perfecto para una **broholmer**, de carácter equilibrado y tranquilo, pero acostumbrado, desde la Edad Media, a ejercer de líder en cacerías.
Felicítala el 29 de junio, san Pedro (y por extensión, su femenino).

TATO

Nadie sabe de dónde proviene exactamente este diminutivo que se utiliza indistintamente para un montón de nombres. De hecho, se podría decir en el sentido más estricto que no lo sabe ni el Tato. Sí conocemos que está asociado a personalidades cambiantes. Puede ser dulce y agradable como irritable y gruñón. Procura no acercar tu mano a su hocico ni aunque le veas tranquilamente tumbado.

Perfecto para un **pequinés**, muy leal con sus dueños, pero arisco y poco cariñoso con las visitas.
Felicítalo el 6 de febrero, aniversario del nacimiento del torero Antonio Sánchez, El Tato.

TOÑI

Diminutivo de Antonia, derivado del latín Antonius, que era interpretado como aquel que se enfrenta a sus adversarios. Si en los primeros paseos ya has visto que cada vez que doblas la esquina tu perrita te tira de la correa para enfrentarse a un nuevo enemigo, este es su nombre perfecto. Son valientes y no temen a nada. Créeme: su presencia es más efectiva que cualquier alarma antirrobos.

Perfecto para una **grifón belga**, perro con personalidad fuerte, valiente y confiado, lo que a veces le hace infravalorar el peligro.
Felicítala el 13 de junio, san Antonio de Padua.

Otros: Cuca, Ramona, Malú, Lupe, Chelo Ramiro, Kiko, Pancho, Tico, Chus.

MITOLÓGICOS

Thor

Podrían haber crecido con los cómics de superhéroes o las novelas de aventuras. Pero en lugar de eso, fueron atrapados por los complejos relatos de mitos, monstruos y héroes protagonizados por dioses que, en muchos casos, imitaban las actitudes humanas. Para ellos no hay peripecias, sino odiseas; no duermen, sino que caen en los brazos de Morfeo, y no sucede una catástrofe, sino que se abre la caja de Pandora. Lógicamente, sus perros también son más que eso: son deidades con nombres que referencian las leyendas mitológicas.

BACO

Hijo de Zeus y de Sémele, es conocido en la mitología griega como el dios del vino. Sin embargo, su significado va más allá y se le identifica como una figura festiva hasta llegar al exceso. Este perrito te pedirá repetir el mismo juego hasta que ya no puedas más. Posiblemente te parezca de dudoso gusto celebrar el cumpleaños de tu perro con una fiesta, pero este es de ese tipo de perros que sabe disfrutar de esos eventos.

Perfecto para un **bodeguero andaluz**, una raza que deslumbra por su inteligencia, pero también por su carácter sociable y divertido.
Felicítalo el 8 de octubre, día de los santos Sergio y Baco.

CLEO

Diminutivo de Cleopatra, ninfa de la mitología griega, hija del dios del viento Bóreas y de Oritía. Su significado es 'orgullo de su padre'. Siempre va a tener predilección por la figura masculina de la familia: se sentará en su regazo, se negará a andar para que él la coja y dormirá a su lado. Si eres su dueña, simplemente aprende a vivir con ello. Y piensa que los sábados a las ocho de la mañana también será a él a quien le pida salir a la calle.

Perfecto para una **carlino**, una raza de carácter juguetón, dulce y cariñoso. Sus arruguitas siempre están listas para posarse en el regazo de su dueño. Felicítala el 19 de octubre.

FLORA

Diosa de las flores, los jardines y la primavera en la mitología romana, además de una de las varias diosas de la fertilidad (por si quieres ir pidiendo cita para esterilizar antes del próximo celo...). Su festividad, la Floralia, se celebraba entre finales de abril y principios de mayo. No te sorprendas si, en esa época, la ves correr sin parar por los jardines, revolcarse en la hierba y comer más plantas que de costumbre.

Perfecto para una **fox terrier**. Les encanta correr y correr por los jardines, puesto que necesitan liberar mucha energía al aire libre. Felicítala el 24 de noviembre, santa Flora de Córdoba que, contra todo pronóstico, es homenajeada a finales de otoño.

ISIS

Diosa egipcia, hermana y esposa de Osiris. Representa a la madre, la reina y la diosa de todos los dioses. Las perritas con este nombre poseen todos los atributos esenciales de sus congéneres. Pueden ser las más fieles, leales y protectoras, pero al mismo tiempo las más inquietas, revoltosas y cascarrabias. En casa son adoradas como si de una divinidad se tratara. De hecho, no cabe ni un solo marco con sus fotos en las estanterías.

Perfecto para una **gran danés**, de tamaño tan grande como su corazón. Son dóciles, cariñosos y se llevan muy bien con los niños. Felicítala el 17 de noviembre (sí, igual que Isabel, que muchos consideran un derivado de Isis).

LOKI

Mucho antes de que los adolescentes de la época del Messenger adoptasen el término como una forma cariñosa de decir chalado, este nombre hacía referencia a un ser de la mitología nórdica, conocido como, el origen de todo fraude, y famoso por sus artimañas y bromas a los dioses. El perrito Loki siempre sabe cómo conseguir lo que quiere de ti. Le basta tumbarse en el suelo panza arriba y empezar a moverse para que cambiar tu humor.

Perfecto para un **dachshund**, también conocido como teckel o perro salchicha. Una raza extrovertida y graciosa, especialmente los de pelo duro. Felicítalo el 28 de diciembre, por ejemplo, nuestro tradicional Día de los Inocentes.

PAX

Hija del rey Júpiter y la diosa Justicia, es la personificación de la paz y la riqueza en la mitología romana. Destaca por su tranquilidad y armonía. Puedes probar a hacerle rabiar quitándole su juguete de la boca, pero te adelantamos que será muy difícil verla enfadada. Le gusta jugar un rato, olisquear a su alrededor y pedir unos mimos, pero su actividad favorita es echarse en su colchoneta a dormir. Solo te percatarás de que está en casa por un suspirito repentino durante su sueño.

Perfecto para una **basset hound**. Son simpáticos, relajados y muy, muy dormilones. Tienen tendencia a la obesidad. Felicítala el 24 de enero, día de Nuestra Señora de la Paz.

THOR

Dios de los truenos en la mitología escandinava, hijo de Odín y de Jörd y el más fuerte y protector de todos. Suelen ser perros robustos y enérgicos, tanto que a veces sentirás que él te da el paseo a ti y no al revés. Trata de controlar su ansia hasta lograr que siga tu paso. A pesar de representar al trueno, es normal que —como todos— se esconda debajo de la cama en las noches de tormenta. Nadie está libre del miedo.

Perfecto para un **pitbull terrier**, un perro de musculatura consistente y utilizado para la protección de ganado. Felicítalo el 8 de agosto.

TROYA

Nombre de la ciudad situada hoy en Turquía. Famosa por los poemas épicos de la antigua Grecia La Ilíada y La Odisea de Homero, en los que se narra la guerra de Troya. La contienda, sin embargo, ha pasado al lenguaje popular para referirse a pequeños desastres cotidianos. Estate preparado para todo tipo de pequeñas catástrofes, desde encontrar los restos de la bolsa de aspiradora esparcidos por toda la casa hasta ver el suelo forrado con papel de aluminio.

Perfecto para una **bichón maltés**, raza inteligente pero muy nerviosa e inquieta. Y ya sabemos en qué se traduce eso en una perrita...
Felicítala el 20 de junio, en honor a Héctor, príncipe troyano que defendió la ciudad frente a los aqueos.

SeTH

Nombre muy sonoro y fácil de recordar para un perro, pero cuidado con su significado. Según la mitología egipcia, era el dios del inframundo, deidad de la fuerza bruta y señor del mal y las tinieblas. Llamar a Seth es, literalmente, mentar al diablo. Se trata de perros cariñosos pero, a veces, demasiado brutos. Sus juegos pueden confundirse con agresividad y eso hace que a veces los otros cachorros le rehúyan. Prepárate para aguantar a dueños sobreprotectores que te pedirán que le ates en el parque.

NOMBRES DE PERROS

Perfecto para un **shih tzu**, un perro inteligente y cariñoso, pero también testarudo y con cierto aire altivo. Parece mentira que sea originario del Tíbet.
Felicítalo el 1 de marzo, onomástica de Set, que es un nombre distinto pero se pronuncia igual.

Otros: Bragi, Hermes, Apolo, Magni, Horus, Venus, Creta, Afro (de Afrodita), Kassia, Valki (de Valkiria).

CAYETANOS

Caye

 pijos de toda la vida. Es fácil
reconocer a estos perritos por la
profusión de ropa y complementos.
Chaleco acolchado, jersey con
cuello polo, bandana (si es hembra
puede llevar un kiki con un coletero
a juego) y correa en los colores
de la bandera española. Y no solo
«visten» como sus dueños, sino
que muchas veces también llevan
nombres similares a los suyos.
Encuéntralos en los barrios más
acomodados de las capitales
españolas o de escapada en
Sotogrande (Cádiz), Comillas
(Cantabria) e Islantilla (Huelva).

BRIANDA

Variante del nombre celta Brian, cuyo significado es 'espada de Dios'. Su principal característica es el nerviosismo y la inquietud. ¿Conoces el dicho de ser más vago que un perro? Pues el carácter de esta perrita es la confirmación de que no puede ser más incierto. Prepárate para despertarte varias veces por la noche al oír sus pasitos recorrer la casa de un sitio a otro.

Perfecto para una **english setter**, una raza a la que le gusta hacer ejercicio, excavar, saltar y que puede ser entrenada casi para cualquier tarea.
Felicítala el 10 de enero.

CATA

De Catalina, latinización del término griego *katharos*, que significa 'puro'. Sin embargo, este nombre tiene múltiples acepciones. Por ejemplo: el diccionario de la RAE define catalina como 'excremento'. Y no queremos asustarte, pero muchos perros, especialmente cachorros, tienen ciertas costumbres coprófilas, que van desde revolcarse en cacas del parque hasta comerse las suyas propias. Por tu bien: ¡vigila a Cata!

Perfecto para una **cocker**. Su instinto cazador le hace a menudo camuflarse en otros aromas para despistar a su presa. Felicítala el 25 de noviembre, santa Catalina de Alejandría.

CAYE

De Cayetano. Su significado etimológico es, natural de Gaeta, municipio de la provincia italiana de Latina. Pero su significado popular se refiere a jóvenes que se comportan y hablan manifestando buena posición social. En resumen: un pijo. Reconocerás a este perro por su manera estirada de caminar, por su forma de olisquear todo juiciosamente y por su paladar exquisito a la hora de la comida.

Perfecto para un **poodle**, raza de exhibición por excelencia, ligada a la realeza y de porte elegante.
Felicítalo el 7 de agosto, san Cayetano de Thiene.

GUZMÁN

Existe la teoría de que procede del germánico Gutmann, traducido como 'hombre bueno'. Pero la realidad es muy distinta y su origen se sitúa mucho más cerca. Concretamente, en la provincia de Burgos. Se trata de un topónimo referido al pueblo de Guzmán, en el municipio de Pedrosa del Duero. La localidad es conocida por la celebración de «chuletadas» en el campo. Si tu perro pierde las babas y menea el rabito sin parar ante una carne roja, es merecedor de este nombre.

Perfecto para un **bull terrier**, de carácter activo y divertido y estómago imposible de saciar.
Felicítalo el 8 de agosto, santo Domingo de Guzmán.

JACO

Diminutivo de Jacobo, nombre bíblico de origen hebreo, que significa 'sostenido o ayudado por Dios'.
Este cachorro ha llegado como un milagro caído del cielo a la vida de sus dueños. Por lo general, suelen ser perros de espíritu tranquilo, pacífico y cuidadoso. No les gustan las confrontaciones ni con humanos ni con perros.
Le verás jugar con un perrito nuevo cada día, pero es normal. Su carácter es de naturaleza dulce y sociable.

Perfecto para un **shar pei**, la mejor compañía para aquellos que buscan un perro tranquilo, sociable y obediente.
Felicítalo el 25 de julio, igual que a los Jaimes, Diegos, Yagos, Iagos, Tiagos... todos ellos derivados de Santiago.

Leo

De Leonor, nombre de reina por antonomasia. En realidad,
es la forma hispana del anglosajón Eleanor, que a su vez
procede del francés medieval Éléonore. Se trata de un
nombre ligado a formas artísticas. El temperamento de
estas perritas puede llegar a extremos dramáticos, rozando
el comportamiento exagerado. Cuando se queda sola en
casa puede ladrar hasta poner de los nervios a todos los
vecinos.

Perfecto para una **pomerania**. Sí, parecen peluches, pero
dentro albergan siempre a una *drama queen*.
Felicítala el 22 de febrero, santa Leonor de Provenza.

Lope

Evolución del término latino *lupus*, que significa
'lobo'. Especialmente indicado para esos perritos con
características lupinas. Véase, por ejemplo, aquellos
que en lugar de ladrar emiten aullidos, los que van siempre
en manada, los que muestran reacciones agresivas ante
desconocidos o los que, simplemente, poseen unos rasgos
físicos que le hacen similares a los *wolfdog*, un híbrido entre
lobo y perro cuya tenencia está prohibida en muchos países.

Perfecto para un **tamaskan**, raza originaria de Finlandia,
cruce entre alaskan malamute y husky siberiano.
Felicítalo el 29 de julio, san Lupo de Troyes.

Mencía

Abreviatura de Clemencia. Por tanto, su significado sería 'indulgente o benigno'. Una perrita con este nombre tiene especial capacidad para perdonar cualquier despiste de su dueño. Nunca le va a recibir con ladridos de enfado, ni siquiera ese día que tienes una reunión y no puedes ir a sacarla a mediodía ni esa noche que llegas tarde y terminas sacándola de paseo a las tres de la mañana.

Perfecto para una **golden retriever**, una raza caracterizada por su temperamento apacible y por ser una de las razas más leales a sus dueños.
Felicítala el 23 de noviembre, día de san Clemente (y su femenino).

Pelayo

A pesar de ser muy común en Asturias, las raíces del nombre están en la Antigua Grecia y significa 'el que procede del mar'. El pasatiempo favorito de estos perros es ir a la playa. Pueden tirarse horas en el bucle de bañarse en el agua, salir a revolcarse en la arena, entrar otra vez a aclararse y así hasta el infinito. No te alarmes: es muy común y para ellos es un juego que además les produce un placer enorme.

Perfecto para un **perro de agua portugués**. Les gusta tanto el mar que durante años ejerció de ayudante de pescadores.
Felicítalo el 26 de junio , día de san Pelayo.

TANA

Diminutivo de Aitana. Hace referencia a la sierra de Aitana, en Alicante. Cuentan que Rafael Alberti puso este nombre a su hija porque esa montaña fue lo último que vio cuando partió de España para exiliarse en Francia. Después el nombre se fue popularizando. Las perritas con este nombre tienen mucha capacidad de adaptación. Puedes llevarla del monte a la playa y pasar por la ciudad y estará feliz en cualquier sitio. Eso sí: siempre con pipeta.

Perfecto para una **doberman**. Son observadores, inteligentes, y muy dóciles, si se les educa correctamente. Felicítala el último fin de semana de agosto que es cuando los pueblos de la Sierra de Aitana celebran fiestas.

Otros: Sancho, Bosco, Beltrán, León, Lucas, Gala, Cósima, Inés, Mati, Cova.

FOODIES

Trufa

Para los enemigos de anglicismos, «cocinitas». Distinguirás a sus dueños porque la conversación siempre deriva en la comida. El nuevo restaurante en el que tomaron el *brunch* el sábado, el puesto del mercado en el que reciben el pescado más fresco, la *app* que utilizan para buscar recetas y la nota de cada vino en la Guía Peñín. Forman una de las «perri pandis» más cohesionadas del parque. De hecho, los viernes por la tarde siempre terminan el paseo en alguna terraza *dog friendly*.

BAO

Panecillo al vapor que tiene su origen en Asia (nadie sabe exactamente si proviene de China o de Taiwán) y se sirve con un relleno de panceta de cerdo, col china, cilantro y cacahuete. Es un plato típico de la comida callejera china que, en los últimos años, se ha extendido por todo el mundo. Estos perros poseen un carácter pacífico, propio de su origen oriental, y son capaces de entender muchos de los gestos de los humanos. Sí, tienen mucha calle.

Perfecto para un **perro mestizo**, cuya mezcla de sangre les hace menos propensos a contraer enfermedades y más equilibrados. Felicítalo el 22 de agosto, Día Nacional del Bao en Estados Unidos que conmemora la apertura del primer restaurante especializado en Chicago.

BIRRA

Término italiano para la cerveza, una de las bebidas más consumidas en todo el mundo, convertida en una costumbre para los que les gusta calmar la sed con amigos. Como nombre, define a un tipo de perrita revoltosa y algo traviesa. Igual que a sus dueños, también le gusta un buen trago para relajarse. A menudo encontrarás el agua de la taza del váter con menos agua de la que debería.

Perfecto para una **affenpinscher**, cariñosa, activa y que se adapta muy bien al ambiente familiar.
Felicítala el primer viernes de agosto, designado como Día Internacional de la Cerveza, con toda la lógica del mundo.

BRIE

Queso de origen francés con una singular textura y una suave combinación de sabores. Es conocido como el rey de los quesos con un doble sentido, puesto que su historia está ligada a la corona francesa. De hecho, hace siglos, era uno de los tributos que los súbditos debían pagar a los reyes. Las perritas con este nombre poseen cierto aire soberano y tienden a apropiarse de todas las estancias de la casa. Tendrás que dejar una mantita para ella en cada rincón.

Perfecto para una **schnauzer**, una raza inteligente, sociable y muy familiar, reconocible por su genuina barba.
Felicítala el 27 de marzo, Día Internacional del Queso.

COOKIE

Literalmente debería ser traducido como 'galletita'.
Pero en España llamamos así a la galleta típica
norteamericana, de tamaño mayor, textura esponjosa y
cubierta con pepitas de chocolate. El lugar favorito de las
perritas con este nombre es la cocina. Y su afición principal,
ayudar a limpiar. Con ella cerca, no hará falta pasar la
escoba para recoger las migas. Ella se encarga.

Perfecta para cachorros con el síndrome del **perro
aspirador**, un trastorno para definir a perros que comen
todo tipo de objetos. ¡Vigílalo bien!
Felicítala el 4 de diciembre, Día Internacional de la Galleta
(sí, hay un día internacional para prácticamente todo).

COUS-COUS

Alimento proveniente del África subsahariana elaborado
con una mezcla de harinas de diversos cereales. Existen un
montón de recetas: con verduras, pollo, pescado, dulce... Pero
la forma más tradicional de servirlo es como acompañamiento
del cordero. Es un nombre genial para perros encargados de
cuidar el ganado, con instinto natural de salvaguarda, fuerte
sentido del territorio y desconfiado con extraños.

Perfecto para un **pastor de Mioritza**, una raza
extremadamente grande (puede llegar a los sesenta y cinco
kilos) pero de temperamento calmado y carácter disciplinado.
Felicítalo el 18 de noviembre, Día de la Independencia de
Marruecos, donde se elabora una de las recetas más exportadas.

CURRY

Uno de los condimentos más populares de la cocina, cuyo sabor aromático y ligeramente picante proporciona un toque exótico a los platos. El vocablo proviene del término kari, que en el idioma de los pueblos del sur de la India se traduce como 'salsa'. Designa a ese tipo de perrita cuya presencia se hace notar. Sus huellas están por toda la casa y en cada cristal hay una marca permanente de su hocico.

Perfecto para una **dálmata**, enérgicas y juguetonas (en ocasiones, tanto como un niño). ¿La buena noticia? Son fáciles de adiestrar. Felicítala el 22 de enero, Día Nacional del Curry en Japón. Se conmemora la fecha del primer día que se sirvió curry en los colegios del país.

MELÓN

Fruta veraniega por antonomasia, es uno de los alimentos con mayor cantidad de agua además de un poderoso antioxidante. Su aspecto grande, su piel áspera y sabor dulce le emparenta con perros de gran tamaño pero extraordinariamente cariñosos. Da nombre a canes con habilidades para los deportes, desde carreras y chapuzones hasta paseos en bici o patines (detrás de ti, claro está). ¡Cuidado con él que también puede ser torpe!

Perfecto para un **weimaraner**, una raza atlética, capaz de resistir distancias largas y ser veloz en las distancias cortas. Felicítalo el 21 de junio, comienzo del verano. ¿Por qué esperar más?

Ron

Posiblemente uno de los licores más antiguos del mundo. Los árabes comenzaron a destilar la caña de azúcar, pero fueron los españoles los que elevaron la producción cuando la trasladaron a Las Antillas. Como nombre, representa a un carácter dulce aunque a veces también revoltoso. Pide muchos mimos y, cuando no los obtiene, suele ponerse a gemir, llorar o ladrar.
Sé paciente con él y administra las caricias con moderación.

Perfecto para un **westie**, perro activo, juguetón, protector... pero también a veces algo testarudo.
Felicítalo el 16 de agosto, Día Mundial del Ron. Ya sabes con qué tienes que brindar.

Taco

Especialidad de la cocina mexicana por excelencia, consiste en una tortilla de maíz que contiene dentro diversos ingredientes y algún tipo de salsa. El término viene de *tlahco*, que en náhuatl significa 'mitad' o 'en medio'. Igual que la salsa dentro de la tortilla, los perritos con este nombre siempre querrán estar en medio de la pareja. Aprende a manejar bien la correa porque querrán cruzarse de un lado a otro para conseguir estar siempre entre los dos durante el paseo.

Perfecto para un **chow chow**, muy entregados y protectores con la familia. Tanto que hay que enseñarle su lugar en su familia para que no se vuelvan dominantes.
Felicítalo el 31 de marzo, día mundial del Taco.

TRUFA

Hongo hipogeo (es decir, que crece debajo de la tierra) convertido en uno de los alimentos más codiciados, por su intenso aroma y sabor. Precisamente, se utilizan perros adiestrados para localizar las trufas y recolectarlas. Es el nombre ideal para un perro rastreador, de esos que utilizan su olfato para reconocer absolutamente todo, desde tu camiseta favorita hasta la rueda de una moto.

Perfecto para una **coonhound**, raza sabuesa de nariz fría, capaz de detectar olores en senderos complicados. **Felicítala** el 2 de mayo, Día Nacional de la Trufa en Estados Unidos, aunque en realidad se «festeja» la trufa de chocolate.

Otros: Yuca, Piña, Chai, Tapa, Pepper, Nacho, Moose, Tomate, Pisco, Mojo.

CLASICAZOS

Chloe

En inglés los llaman *oldies but goldies*. Traducido: viejitos pero bonitos. Son esos nombres que ponen a sus perros los que han hecho de la nostalgia casi su forma de vida. Es decir, los que continúan anclados en su pasado: los recuerdos de EGB, los amigos de la infancia, las series de los ochenta y noventa...

Así que a la hora de elegir el nombre de su cachorro, siempre encuentran alguna referencia en los perritos de sus días dorados.

CHLOE

Protagonista de *Un chihuahua de Beverly Hills*. El título
de la película ya da pistas explícitas de la personalidad de
Chloe, una cachorrita consentida de familia millonaria. La
aventura comienza cuando es secuestrada y trasladada a
México por unos delincuentes que pretenden hacer dinero
con ella. Ahí es cuando Chloe debe demostrar su valor y su
capacidad para tratar con perros de distinta procedencia.

Perfecto para una **chihuahua**, por supuesto. No te fíes de
su aspecto frágil: es una de las razas más longevas y pueden
vivir 18 años o más.
Felicítala el 17 de julio, día de todas las Chloe (y Cloe).

LAIKA

Pasó a la historia como el primer ser vivo terrestre en orbitar alrededor de la Tierra. Fue en 1957, a bordo de la nave soviética *Sputnik 2*. Se trataba de una perra callejera, elegida por estar acostumbrada a condiciones extremas de frío y hambre. Fue descrita como una perra con carácter flemático y temperamento equilibrado. Tres décadas después, Mecano le rendiría homenaje en una de sus canciones más conocidas, incluida en el superventas *Descanso dominical*.

Perfecto para una **alaskan malamute**, una raza resistente, leal, trabajadora y sociable. Algo así como la aristocracia canina. Felicítala el 3 de noviembre, aniversario de la muerte de Laika (e inicio de la leyenda).

LASSIE

Ostenta el título de perra más famosa del mundo. Sus aventuras surgieron de las páginas de un periódico, a finales de los años treinta, y, desde entonces hasta ahora, ha inspirado siete series de televisión y trece películas. En la historia original, Lassie era una perra separada de la familia con la que vivía que, gracias a su valor e inteligencia, logra hacer los ochocientos kilómetros de vuelta a casa.

Perfecto para una **collie de pelo largo**, raza a la que popular (y erróneamente) a menudo se les llama lassie, por la identificación de la raza con el personaje.

Felicítala el 7 de octubre, aniversario del estreno de La
cadena invisible, título español de la primera película de Lassie.

NANA

Más que una mascota, una niñera. Aparecía en Peter Pan
y cuidaba responsablemente de Wendy, Miguel y Juan,
a pesar de que el padre de la familia no terminaba de ver
aquello como algo bueno. La verás siempre tirada al lado
de la cuna del bebé y, si el niño llora, le dará lametones para
consolarle, le llevará juguetes y te avisará con sus ladridos.

Perfecto para una **san bernardo**, conocidos por ser
extraordinariamente protectores con la familia y
especialmente pacientes con los niños.
Felicítala el 26 de julio, santa Ana, nombre del que deriva el
apelativo cariñoso Nana.

Otros: Cometa, Sandy, Reina, Beta, Fifí.

NIEBLA

La mascota que acompañó a Heidi en la famosa serie de
anime de la década setenta. La niña encontró en el perro
a un fiel compañero que, en más de una ocasión, la ayudó
a salir de los líos en los que la pequeña se metía durante
su infancia en los Alpes. De carácter tranquilo y bonachón,
las mayores aficiones de este perro eran dormir y comer
caracoles, su comida favorita.

Perfecto para una gran boyero suiza, tradicional de los Alpes y caracterizada por ser muy activa y cariñosa con la familia. **Felicítala** el 12 de junio, aniversario del nacimiento de Johanna Spyri, creadora de Heidi.

PANCHO

Seguramente el perro más célebre de las pantallas españolas. Le conocimos en una campaña de Loterías y Apuestas del Estado en 2004, después intervino en la serie Aquí no hay quien viva y, unos años más tarde, dio el salto al cine con el taquillazo Pancho, el perro millonario. Su significado etimológico es 'panza'. Define a un tipo de perro tranquilo y satisfecho, pero que también tiene un lado pícaro.

Perfecto para un **jack russell terrier**, muy vivo y con alta capacidad de aprendizaje. Eso sí, lo de enseñarle a echar La Primitiva todos los jueves te llevará tiempo. Felicítalo el 22 de diciembre, día de la Lotería de Navidad.

PONGO

El primero de los 101 dálmatas. Él fue el que ayudó a su dueño a encontrar pareja. Y, de paso, él también conoció a Perdita, la perrita con la que formaría su numerosa camada. Es de ese tipo de perros que facilitan el ligue. La cosa empieza así: «¿Es macho o hembra? ¡Qué mono! ¿Cuánto tiempo tiene?». Unas caricias, la pregunta de si venís mucho a este parque... y el match está hecho.

Perfecto para, está claro, un **dálmata**. De naturaleza activa y juguetona, es el perro ideal para los que buscan interminables paseos.
Felicítalo el... 14 de febrero, día de los enamorados.

PIPPIN

Era el perro que cogía la maleta y se iba de casa en una archifamosa campaña de TVE para fomentar el uso responsable de la tele. Se hizo tan conocido que llegó a ocupar portadas de revistas, alcanzó un caché de 100 000 pesetas (seiscientos euros de finales de los ochenta) por día de trabajo y participó en anuncios de media Europa. Si tu perro intenta constantemente llamar tu atención con ladridos, gimoteos y monerías varias, este es el nombre adecuado para él.

Perfecto para **perritos despeluchados**, pero con carita adorable, Es imposible dejar de mirarles.
Felicítalo el 21 de noviembre, Día Mundial de la Televisión (recuerda no verla en exceso y hacer más caso a tu perro, como recomendaba Pippin).

Rex

Protagonista de Rex, un policía diferente, la serie que durante años fue banda sonora de las siestas dominicales de los telespectadores españoles. ¿Quién era Rex? El compañero del comisario Richard Moser. Con su prodigioso olfato (y una generosa dosis de fantasía de los guionistas) ayudaba a la policía de Viena a resolver todo tipo de crímenes. Son perros fuertes, inteligentes, activos, con instinto cazador y extraordinario olfato.

Perfecto para ¡un **pastor alemán** siempre! Atlético, intuitivo, fuerte y muy obediente.
Felicítalo el 2 de octubre, festividad de la Policía Nacional.

SCOOBY

Uno de los personajes más célebres salidos de los estudios Hannah-Barbera. Era la mascota de una pandilla de adolescentes dedicados a investigar casos paranormales en la célebre serie que lleva, desde 1969, divirtiendo a generaciones de niños. Su carácter es cobarde y miedoso. Las orejas hacia atrás y el rabo entre las piernas son sus gestos más característicos. Solo encuentra el valor cuando le sobornan con un plato de comida.

Perfecto para un **gran danés**, cuya apariencia de gigante (su altura puede llegar a los 2,10 metros sobre dos patas) esconde un carácter fiel y amistoso.
Felicítale el 31 de octubre, día de Halloween, fecha señalada para los amantes del misterio.

Otros: Pluto, Beethoven, Tristón, Tim, Hachiko.

SERIÉFILOS

Daphne

La tercera edad de oro de la televisión ha generado un montón de nuevos héroes que desatan el furor de los seriéfilos. De hecho, es difícil ir a un pipicán y no escuchar a alguien llamando a su perro por el nombre de uno de los protagonistas de la serie de moda. Identificarás a sus dueños porque están abonados a todas (absolutamente todas) las plataformas de streaming, conocen las puntuaciones en IMDB de todas las series y aparecen el domingo con ojeras por haberse quedado otra vez haciendo maratón de series.

BETTY

Posiblemente no sea la perra más linda del mundo. No tiene ni un diente en su sitio, se le cae la babilla y la lengua le cuelga siempre de un lado. Pero también tiene un corazón enorme y produce un deseo irrefrenable de abrazarla.
Le ocurre lo mismo que al personaje principal de *Ugly Betty*, la serie que narraba las desventuras de una chica poco atractiva que entraba a trabajar en una importante revista de moda.

Ideal para perras con el síndrome de la **lengua colgante**, pocos dientes y poco agraciadas en general.
Felicítala el 5 de noviembre, santa Isabel, nombre del que proviene Betty.

CAN

Podría ser por el sinónimo de perro, pero en este caso proviene de Can Divit, el personaje interpretado por el actor Can Yaman en la serie turca Erkenci Kus ('Pájaro soñador'). Son perritos de irresistible atractivo pero que son difíciles de mantener al lado porque son de espíritu libre.
No te extrañes si es capaz de salir corriendo y cruzar la carretera para ir detrás de una perrita. Por su seguridad, llévalo bien atado.

Perfecto para un **pastor escocés**, de larga melena, complexión fuerte y carácter austero pero amable.
Felicítalo el 8 de noviembre, fecha de nacimiento de Can Yaman, patrón de la ficción turca (al menos en España).

DAPHNE

Como la hija mayor de la poderosa familia Bridgerton en Los Bridgerton. Igual que le ocurre a la protagonista de la serie, poseen una belleza irresistible que obliga a la gente a pararse solo para acariciarles. Son sociables, saben qué hacer para meterse en el bolsillo a los que les rodean y se relacionan bien con todos los perros, aunque siempre tienen a uno que es su favorito para jugar.

Perfecto para una galgo afgana, una de las razas más elegantes que existen, de carácter señorial y distinguido.
Felicítala el 19 de octubre, santa Dafne.

DEXTER

Persigue a todo lo que se mueve. Da igual si es un corzo, una liebre, un gorrión o el gato del vecino. Posee un instinto cazador difícil de controlar que hace que el paseo diario se convierta en un martirio y mantenerlo a tu lado cuando le sueltas, misión imposible. Algo similar a lo que le ocurría a Dexter Morgan, protagonista de Dexter, un psicópata entrenado por su padre adoptivo para controlar sus impulsos.

Ideal para un **beagle**, criados para rastrear y perseguir presas. Tómate con calma lo de conseguir que cumpla tus órdenes.
Felicítalo el 1 de octubre, aniversario del estreno de la serie.

ELEVEN

O en español: Once. Es uno de los personajes principales de *Stranger things*. De apariencia menuda y carácter reservado, posee en realidad habilidades psicotécnicas. ¿En tu casa ocurren fenómenos paranormales desde que llegó tu perrita? Por ejemplo, comida que desaparece de la mesa misteriosamente o ladridos que surgen cinco minutos antes de que aparezca en casa su dueño. Si es así, este es su nombre perfecto.

Ideal para un **xoloitzcuintle**, una de extraña raza sin pelo, exactamente igual que Eleven al principio de la serie.
Felicítala el 11 de noviembre, ya sabes… el 11 del 11.

KHALEESI

Es el cargo que toma el personaje de Daenerys Targaryen en *Juego de Tronos*. En realidad, es un vocablo de la lengua Dothraki, inventada en la saga, que significa mujer del Khal o 'princesa'. Son perritas extremadamente hermosas y que emanan cierto aire de poder. Es decidida, audaz y su espíritu conquistador puede llevarle a apropiarse de cada rincón de la casa. *Spoiler*: puede llegar a convertirse en una tirana.

Ideal para una **labrador retriever**, de pelaje rubio y naturaleza paciente y equilibrada, destinadas a reinar. Felicítala el 17 de abril, aniversario del estreno de *Juego de Tronos*.

LARUSSO

Como el personaje principal de *Karate Kid*, rescatado en 2018 para la serie *Cobra Kai*, que sigue los destinos de sus protagonistas. Son perritos reservados, en ocasiones con un pasado complicado, pero que aprenden a sobrevivir hasta lograr el respeto entre el resto de los perros del parque. Aviso: puede que por el camino deje a otro animal lesionado con sus patadas...

Perfecto para un **jack russell terrier**, una raza ágil, con mucha fuerza y resistencia.
Mejor que ningún gato se meta con él...
Felicítalo el 25 de octubre, Día Internacional del karate.

LUPIN

Es el personaje creado por el novelista francés Maurice Leblanc. Las tramas de la serie *Lupin*, cuyo protagonista está obsesionado con sus relatos, están inspiradas en este personaje. En realidad, Lupin era un ladrón de guante blanco que opera desde el otro lado de la ley, pero sin perder la elegancia. Los perritos con este nombre son aficionados al pequeño hurto. Si echas en falta cualquier objeto, desde un zapato hasta un juguete de los niños, busca primero debajo de su colchoneta.

Perfecto para un **yorkshire terrier**, propensos a robar pequeños objetos de la casa. Vigila que no se coma sus tesoros porque podría terminar con dolor de barriga. Felicítalo el 11 de diciembre, aniversario del nacimiento de Maurice Leblanc.

PAQUITA

De la serie *Paquita Salas*, sobre las desventuras de una representante de actores en el ocaso de su vida profesional. Pueden tener aspecto regordete y maneras torpes, pero caminan como si saliesen a comerse el mundo. En el parque intenta jugar con todos los perros, aunque el resto no suele hacerle mucho caso. ¡Cuidado con los torreznos! Son su debilidad y podría terminar con indigestión.

Perfecto para una **dachshund**, de aspecto simpático, pero con una morfología desproporcionada y tendente al sobrepeso.

Felicítala el 9 de marzo, santa Francisca Romana. Aunque la auténtica Paquita celebraría también el 26 de agosto, Día Internacional del Actor.

PROFESOR

O su diminutivo, «Profe». Corresponde al cerebro detrás de los dos atracos de *La Casa de Papel*. Es inteligente, observador y controla hasta el más mínimo detalle para llevar a cabo su plan. Los perros con este nombre actúan siempre como líderes de una banda. Si tienes más de un animal en casa, les habrás visto más de una vez dirigir operaciones como atracar la basura o destrozar rollos de papel higiénico.

Ideal para un **rottweiler**, con facilidad de aprendizaje y capacidad de reacción, aunque también algo cabezones. Felicítalo el 27 de noviembre, día del profesor, en honor a san José de Calasanz.

Otros: Heisenberg, Duque, Draper, Sheldon, Polo, Carrie, Zulema, Sabrina, Defred, Phoebe.

MITÓMANOS

Elvis

Popularmente conocidos como fans, carpeteros, admiradores, hinchas, seguidores... Son los que llenaban las paredes de su habitación con posters, vitoreaban en estadios y hacían colas infinitas en las firmas de autógrafos. Creían que nunca aparecería en sus vidas un ser superior a su mito hasta que entró en casa su perro. ¿Y qué nombre podrían escoger? Solo uno: el de su ídolo.

AMY

Por Amy Winehouse, la multipremiada cantante y compositora británica, célebre por devolver la popularidad al *soul*, el *jazz* y el *rhythm & blues*. Convertida hoy en leyenda, falleció en 2011, víctima de sus excesos con el alcohol.
El nombre deriva del francés antiguo Amée y significa 'amada'. Está vinculado a personalidades dulces, expresivas y divertidas. Prepárate para una ducha diaria con sus lametones.

Ideal para una **bichón frisé**, con un carácter tan cariñoso que incluso es utilizado en centros de terapia y hogares de mayores.
Felicítala el 6 de febrero, san Amando.

BRITNEY

Por Britney Spears, naturalmente. De estrella infantil pasó a joven con problemas mentales. A pesar de eso, ha logrado mantener siempre una carrera brillante dentro del pop hasta convertirse en un icono. El nombre es, en realidad, una forma alternativa de Brittany, que significa 'proveniente de Bretaña'. Denota una personalidad muy fuerte, pero también una gran sensibilidad. Ojo: puede ser demasiado dependiente.

Ideal para una **boxer**. Se suelen comportar como cachorros toda la vida, con todo lo bueno y lo menos bueno que eso conlleva.
Felicítala el 5 de noviembre, día en el que se celebra en Las Vegas (¡cómo no!) el Día Britney Spears.

DUA

Por Dua Lipa, la cantante británica, de origen albanokosovar, que ha copado las listas de éxitos desde su debut, en 2017. Coronada como la reina del dance-crying (música de baile con letras dolorosas), su nombre significa 'amor' en albanés. Las cachorritas con este nombre tienen tendencia a emocionarse en exceso: cuando vienen visitas, cuando tienen un juguete nuevo, cuando su dueño regresa de viaje… Advertencia: a veces el llanto por entusiasmo puede derivar en un pipí.

Ideal para una **cavalier king charles spaniel**, una raza con muy buen carácter, pero que no lleva bien lo de quedarse sola en casa. Felicítala el 2 de junio, aniversario del lanzamiento del primer álbum de Dua Lipa.

ELVIS

No hace falta decir a quién debe su inspiración. Millones de fans, que han nombrado a sus perros en su honor en los últimos cincuenta años, no pueden estar equivocados. Aunque el origen del nombre es incierto, lo más probable es que sea una variante del nórdico Alvis, que significa 'sabio'. Son perros afectuosos y con mucha energía, pero también un poco maniáticos.
Si no rascan fuerte su camita, antes de meterse en ella cada noche, no duermen tranquilos.

Ideal para un **dogo de Burdeos**, manso, tranquilo y muy apegado a su amo y a su familia.
Felicítalo el 8 de enero, día en el que los fans conmemoran el nacimiento del rey del rock.

KANYE

Por Kanye West, el rapero más famoso del mundo, tan conocido por su música como por su excéntrico estilo de vida y su gigantesco ego. Se ha definido a sí mismo como un dios, como un genio y como el artista más importante de su generación. El nombre, proveniente de la etnia yoruba, significa 'el siguiente en la línea de jefatura'. Te costará educarle: al final, siempre hará lo que él quiere.

Ideal para un **border terrier**. Pese a su carácter rústico, esconde una gran personalidad y un carácter fuerte.
Felicítalo el Yeezy Day, el evento que Kanye West organiza todos los veranos para sus fans.

KENDALL

Por Kendall Jenner, una de las dos benjaminas de la saga Kardashian. Su nombre saltó a la fama a través del *reality show* *Keeping up with the Kardashians* y, a partir de ahí, se convirtió en una *internet celebrity* y en la modelo mejor pagada del mundo. El carácter de esta perra es valiente y decidido, pero también orgulloso. Aunque estés comiendo patatas fritas a su lado, jamás te pedirá si tú no le ofreces primero.

Ideal para una **beauceron**, raza de finura aristocrática y temperamento noble, aunque también tiene tendencia al comportamiento soberbio.
Felicítala el 3 de noviembre, fecha de nacimiento de Kendall Jenner. No es santa, pero es la que ha convertido el nombre en uno de los más populares en Estados Unidos.

NADAL

Por Rafa Nadal, uno de los mejores tenistas de la historia. Ha levantado trofeos como nadie y ha obtenido todos los reconocimientos posibles. Y aun así, la humildad y el espíritu de superación siguen siendo sus señas de identidad. El apellido procede de la antigua Corona de Aragón y significa 'Navidad'. El perro con este nombre tiene dotes de campeón. Invierte tiempo en adiestrarlo, porque puede llegar a sorprenderte.

Ideal para un **husky siberiano**, que, con entrenamiento y estimulación, puede convertirse en un gran perro de trabajo. Felicítalo el 25 de diciembre, día de Navidad (Nadal en Cataluña, Baleares y Comunidad Valenciana).

NAJWA

Por Najwa Nimri. La actriz y cantante, icono indie en los noventa, ha multiplicado sus fans en los últimos años gracias a series como Vis a vis o La Casa de Papel. De origen árabe, el nombre significa 'conversación secreta'. Es posible que las perritas con este nombre pasen la noche emitiendo un ligero ronroneo que no te deje dormir. Mejor acércate a la farmacia a por unos tapones para los oídos.

Ideal para una **rottweiler**, famosos por su carácter rudo, pero también por sus ruiditos cariñosos con sus dueños. Felicítala el día de cualquier estreno de un nuevo trabajo de Nawja. En España es la única que conocemos.

TYSON

Por Mike Tyson, célebre campeón del mundo de pesos pesados en la década de los ochenta, y más famoso todavía por sus delitos y polémicas en los noventa. La ferocidad y la intimidación que mostraba en el ring —y en ocasiones también fuera— le hicieron conocido en todo el mundo. Si eliges este nombre, vigila bien las orejas del resto de perritos cuando le sueltes en el parque. Solo es un consejo.

Ideal para un **staffordshire bull terrier**, perro activo, robusto y con gran fuerza. Necesitará un largo entrenamiento diario. Felicítalo el 22 de noviembre, aniversario del combate en el que Tyson se coronó como el campeón de boxeo más joven de la historia.

Otros: Bowie, Zizou, Messi, Marlon, Rudy, Paris, Janis, Chenoa, Nicki, Posh.

GAFAPASTAS

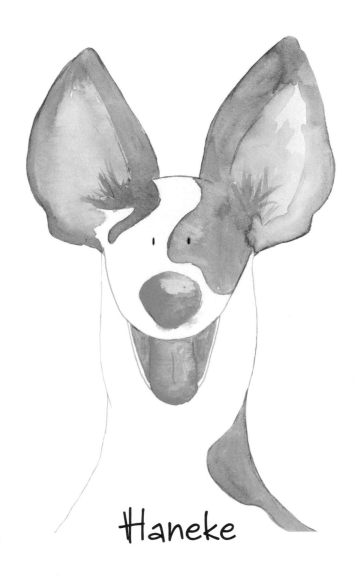

Haneke

Asúmelo: por mucho que te lo encuentres en el parque sacando a los perros todos los días, no vas a tener ocasión de cruzar palabra con él. Generalmente llega, se sienta solo en una esquina y a continuación abre su libro. O se pone sus cascos para escuchar música. Se nota a leguas que las conversaciones habituales del parque sobre crianza de cachorros se le hacen demasiado prosaicas. Es más fácil que entable conversación contigo si coincides en librerías dog friendly, ferias de discos o frente a la cartelera de la filmoteca.

AMÉLIE

Personaje interpretado por Audrey Tautou en la comedia romántica del mismo nombre. Es la historia de una joven camarera que se marca un propósito en la vida: lograr que las personas que están a su alrededor se sientan felices. De manera menos consciente, las perritas con este nombre pondrán todo de su parte para mejorar la vida de sus dueños: les darán cariño, les harán reír y les sacarán de paseo tres veces al día. ¿Cómo no agradecérselo?

Ideal para una **morkie**, mezcla de yorkie y bichón maltés. Es pequeñita, tranquila y tiene un pelito que solo de tocarlo libera endorfinas.
Felicítala el 10 de julio, santa Amelia.

BJORK

Por la cantante islandesa, autora de algunos de los mejores discos de pop experimental de las últimas décadas y acreedora del título que la reconoce como personaje famoso más excéntrico. El nombre significa 'abedul' en lengua escandinava. Está asociado a perritas que, bien por su físico o por su comportamiento, se salen de lo común. Advertencia: es difícil que pases desapercibido cuando salgas con ella.

Ideal para una **bedlington terrier**, cuyo característico pelaje las hace parecer más ovejas que perras. No suele ladrar mucho y tiene un carácter firme e independiente. Felicítala el 5 de julio, aniversario del celebradísimo disco *Debut* de Bjork.

DYLAN

Por el cantautor norteamericano Bob Dylan, único músico en conseguir el premio Nobel de Literatura. Más que como músico, la Academia sueca tuvo en cuenta sus méritos como poeta por sus letras, en las que mezcla temas sociales, políticos y filosóficos. El nombre, de origen galés, significa 'hijo del mar' y está vinculado a mentes brillantes. No queremos decir que tu perro vaya a hacer ningún gran descubrimiento, pero sí que tiene capacidad para aprender rápido.

Ideal para un **ganadero australiano**, un perro inteligente, valiente, enérgico y muy leal. De hecho, se dice que es perro de un solo amo.
Felicítalo el 24 de mayo, fecha de nacimiento de Bob Dylan.

FRIDA

Por Frida Kahlo, la artista mexicana de personalidad arrolladora, convertida en uno de los iconos mexicanos más reconocibles. Antes de que nadie hablase de marca personal, ella convirtió sus cejas pobladas en su propia bandera de lucha frente a los estereotipos. El nombre, que en su significado etimológico significa 'paz', es propio de perritas con carácter, dominantes y apasionadas. No te sorprendas si viene a lamerte la mano y termina mordiéndotela.

Ideal para cualquiera de cejas pobladas y largo bigote.
Cuanto más grueso, mejor.
Felicítala el 13 de julio, aniversario de la muerte de Frida Kahlo.

GAINSBOURG

Puede ser indistintamente por Serge o por Charlotte. El padre, una de las figuras más provocadoras y seductoras de la canción francesa, alternó la música con el cine durante toda su carrera y, años después de su muerte, su hija ha seguido el mismo camino. En el cortejo que precede al apareamiento canino, este perro siempre va a posicionarse en ventaja frente al resto de machos.

Ideal para un **mastín siberiano**. Potentes, musculosos y atléticos, llaman la atención por su físico poderoso. Dentro del mundo canino, son algo así como el león en la selva.
Felicítalo el 22 de febrero, aniversario del lanzamiento del gran himno de Serge Gainsbourg, *Je t'aime, moi non plus*.

KEROUAC

Por Jack Kerouac, el célebre escritor considerado el padre de la generación beat. Su libro *En el camino*, sobre los viajes llenos de excesos de un grupo de amigos por las carreteras de Estados Unidos, es considerada una de las obras más influyentes del siglo XX. Si la afición de tu perro es andar por el campo con otros cachorros haciendo todo tipo de travesuras, es el nombre perfecto.

Ideal para un **american staffordshire**, raza proveniente de Norteamérica y pariente cercano del pitbull. Su musculatura espectacular lo hace ideal para salir a andar por la montaña. Felicítalo el 21 de octubre, aniversario de la muerte de Jack Kerouac (y el nacimiento de un maldito).

HANEKE

Por Michael Haneke, director y guionista austriaco cuyo estilo oscuro, perturbador e inquietante le ha proporcionado reconocimiento mundial. Entre sus temas más recurrentes está la introducción de elementos de terror en escenas burguesas. No te alteres porque, en mitad de una tarde de domingo, se te quede mirando fijamente con los ojos entre cerrados mientras emite un ligero gruñido. Él es así.

Ideal para un **podenco**, una raza que destaca por el extraordinario sentido de vista, olfato y oído. Siempre alerta porque ve, huele y escucha muchísimo más que tú.
Felicítalo el 23 de marzo, aniversario del nacimiento de Haneke (el auténtico).

WINONA

Por Winona Ryder, una de las actrices más populares del Hollywood de los noventa, especialmente conocida por su carácter misterioso y sensible. De hecho, ha reconocido que ha tenido que recibir terapia después de terminar algunas de sus películas. El nombre es de origen indio y significa 'la primogénita'. Perfecto para tu primer cachorrito. Por cierto, si en tu armario falta ropa, prueba a buscar debajo de su cama.

Ideal para una **viringo**, raza originaria de Perú, sin pelo y por tanto hipoalergénica. Son dóciles y apacibles, pero requieren ciertos cuidados puesto que son muy sensibles al frío. Felicítala el 29 de octubre, fecha de cumpleaños de Winona Ryder, la Winona que todos conocemos.

WOODY

Solo puede ser por Woody Allen. Su hilarante verborrea y su carácter histriónico identifican a uno de los más grandes y prolíficos genios del cine. El nombre en sí es una abreviatura de Woodrow, que literalmente significa 'fila de madera' (sí, Woody era el verdadero nombre de El Pájaro Carpintero). El carácter de estos perros es tendente al drama y la exageración. Podría obtener una nominación al Oscar por sus gritos cada vez que le bañas, le recortas el pelo o le cortas las uñas.

Ideal para un **salchicha**, un **pug**, un **beagle**, un **chihuahua** o un **basset hound**. Esas son, según los veterinarios, las razas de perro más dramáticas.

Felicítalo el 21 de marzo, Día Internacional de la Madera (del *wood*, vaya).

YOKO

Por Yoko Ono, conocida popularmente como la compañera de John Lennon. Artista ligada al movimiento conceptual, se hizo un nombre con sus *performances*, algunas tan peculiares como un concierto en el que el público tenía que imaginarse la música. El nombre otorga a tu perrita dotes artísticas. Prepárate para recitales de ladridos, pinturas de huellas en el suelo o piezas dramáticas en la que se hace la muerta.

Ideal para una **crestada chino**. No es que le guste hacer *performances*, es que su aspecto es una *performance* en sí. Es una raza sin pelo, pero con mechones que salen de la cabeza, los pies y la cola. Arte hecho animal.
Felicítala el 10 de abril, fecha en la que The Beatles anunciaron su separación (si eres de los que creen que la culpa fue de Yoko Ono.

Otros: Pulp, Kubrick, Bukowsky, Coen, Phoenix, Christina, Agnes, Courtney, Coixet, Alondra.

MOCHILEROS

Río

Su función en los parques es la de asesorar al resto de dueños de perros sobre cómo viajar con mascota. Han recorrido medio mundo con su perro y lo saben prácticamente todo: qué documentación tienes que llevar, cómo deben viajar, qué es lo mejor para el mareo, los requisitos en cada país y las playas en las que pueden entrar con perro sin problema. Los viajes y la naturaleza son siempre su fuente de inspiración.

BALI

Nombre de la popular isla indonesia, destino turístico preferido de surfistas, yoguis e *influencers*. No falla: los perros con este nombre viven con alguien que está (o aspira a entrar) dentro de una de estas tres categorías. Su carácter es dulce y protector y necesita vivir en armonía. No le contradigas si considera que las frutas y verduras deben estar distribuidas por la casa con sus juguetes en lugar de en el cesto. Es cosa del *feng shui*.

Ideal para una **labradoodle**, cruce entre labrador retreiver y caniche. Igual que sus dueños, son apasionados del mar. Felicítalo el día de Galungan, una fiesta tradicional de Bali que se celebra cada 210 días para festejar el triunfo del bien sobre el mal.

CHIPRE

Nombre del país situado en la isla con el mismo nombre, conocido por ejercer de puente entre Europa, África y Asia. El origen etimológico deriva de kypárissos, el término griego para el ciprés. Su carácter es benévolo y conciliador. Sí, es de esos perritos que persigue a otro que está persiguiendo a otro y se pasan la hora jugando a persecuciones. Pero su intención principal siempre es resolver el conflicto entre los otros.

Ideal para un **terranova**. Bajo su apariencia de oso, se esconde una personalidad sociable, silenciosa y equilibrada. Felicítalo el 1 de octubre, Fiesta Nacional de Chipre.

FUJI

El monte más alto de Japón, convertido en el icono más reconocible del país, donde es considerado como una de las montañas sagradas. De hecho, hay numerosas leyendas en torno a él. Una de las más estrambóticas: que el humo que expulsa el cráter proviene del elixir de la vida eterna. Las perritas con este nombre ejercen sobre sus dueños el papel de musas, son adoradas y hasta generan un sentimiento de bienestar en su entorno.

Ideal para una **cockapoo**, cruce de cocker spaniel y poodle. Su carácter es dulce y sociable y resultan excelentes perros de terapia. Felicítalo cualquier día entre mediados de abril y finales de mayo, cuando se celebra en la base de la montaña el Fuji Shibazakura Festival.

GOBI

Uno de los desiertos más remotos del planeta, en la lejana Mongolia. Con una superficie superior a un millón de kilómetros cuadrados, comprende un infinito mar de dunas, pero también abarca los mejores lugares del mundo para contemplar las estrellas. El nombre significa 'lugar vacío' y 'desolado'. A menudo notarás que este perro prefiere estar tumbado solo antes que jugando con otros. No te preocupes: necesita su espacio. Mucho.

Ideal para un **whippet**, raza procedente de Inglaterra y parecida a los galgos cuyo pasatiempo favorito es estar en casa (si es dormido, mejor). Felicítalo el 17 de junio, Día Internacional contra la Desertificación y la Sequía. Ese día no permitas que esté solo. Y mucho menos que pase sed.

LILA

Flor blanca y violeta que crece del arbusto con el mismo nombre y cuya característica principal es su intensa fragancia (de hecho, se usa en numerosos perfumes). El nombre proviene del término árabe *lilak*, que significa 'azul oscuro'. Se asocia a la bondad, la inocencia y la sensibilidad. Importante: el nombre no garantiza un buen aroma en todos los casos. Mejor continúa bañándolo de vez en cuando, aunque lo odie.

Ideal para una **lebrel afgana**, de porte elegante y distinguido y fácilmente reconocible por su pelaje largo y sedoso. Felicítala el 21 de marzo. ¡Ahí es cuando empieza a florecer!

LUNA

El nombre del único satélite natural que gira alrededor de la Tierra encabeza el top de los más populares entre las perritas españolas. Y, a pesar de lo inspirador de su luz, no todos saben que el origen del nombre está en la contracción del término latino *lucina*, que significa 'la que brilla'. Su personalidad es calmada e introspectiva, pero que no te sorprenda si en los cambios de ciclo lunar alteran su comportamiento.

Ideal para una **papillón** (del francés, mariposa, por el parecido de sus orejas a las alas del insecto), una raza muy llevadera y serena. Felicítala en el *tsukimi*, la fiesta que los japoneses celebran entre septiembre y octubre, coincidiendo con la primera luna llena del otoño, considerada la más bella del año.

NILO

Referente al río Nilo, el segundo más largo del mundo, con una extensión de más de 6 000 kilómetros y un recorrido que atraviesa diez países distintos. Era venerado por el pueblo egipcio e incluso se le hacían ofrendas, ya que de él brotaba la vida. El nombre denota un carácter confiado e, incluso, aguerrido. Por su capacidad física, puede ser un buen perro de rescate, entrenado para buscar a personas atrapadas entre escombros.

Ideal para un **pastor belga**, un perro con facilidad para el aprendizaje y valentía en la defensa de su amo. Eso sí: a veces puede ser demasiado nervioso.

Felicítalo el 15 de agosto, día del Wafaa Al Nil, una fiesta tradicional para llevar ofrendas al Nilo en agradecimiento por las buenas cosechas.

PINO

Uno de los árboles más comunes en España. ¿El motivo? Su capacidad para sobrevivir en terrenos poco fértiles o degradados. Por eso se utiliza para repoblar espacios. El nombre define a perros austeros y trabajadores, perfectos para el campo. En su acepción *boomer*, puede hacer referencia al célebre cantante italiano Pino D'Angio. No dejes de probar sus cualidades como bailarín de música disco.

Ideal para un **alano**, raza autóctona de España y caracterizada por su temperamento noble, serio y equilibrado. Felicítalo el 8 de septiembre, festividad de la Virgen del Pino, celebrada especialmente en Gran Canaria.

RÍO

Proveniente del latín *rivus* (sí, igual que el más conocido nombre anglosajón *river*). Según el diccionario de la RAE: «corriente natural de agua que fluye permanentemente y va a desembocar en otra.» El carácter de estos perros es sensible, cariñoso y equilibrado. En ocasiones, pueden dejarse llevar demasiado por la corriente, sin desobedecer ninguna de tus instrucciones. Procura educarlo con coherencia y sin contradecirte en las normas.

Ideal para un **perro de agua** (por supuesto), una raza tradicionalmente conocida por trabajador, servil y moldeable.
Felicítalo el 14 de marzo, Día Mundial de Acción en Defensa de los Ríos (y del tuyo en concreto).

ROMA

Una de las más bellas capitales europeas, la ciudad italiana ha sido elegida una de las nuevas siete maravillas por su Coliseo. Así que si contemplas la cara de tu perra con admiración, crees que su anatomía debería ser esculpida y piensas que su retrato debería ser expuesto en un museo, este es el nombre ideal para ella. Como la ciudad, también puede ser a veces un poco caótica, pero se le perdona por su carácter pizpireto.

Ideal para una **doga**, una raza de cuerpo fuerte, corto y ancho, de proporciones casi perfectas.
Felicítala el 29 de junio, fiesta de los santos patronos de Roma, san Pedro y san Pablo.

Otros: Teide, Mirlo, Golfo, Bosque, Oxford, Dakota, Isla, París, Duna, Valle.

ABUELISMOS

Trasto

ubo un tiempo en el que la gente no se rompía tanto la cabeza a la hora de poner nombre a los perros. Y les «bautizaban» por un rasgo físico, una cualidad de su carácter, un objeto al que se parecían o cualquier palabra que les venía a la cabeza y les sonaba bien. Esos nombres, que inexorablemente deben ser pronunciados con el tono más empalagoso posible, siguen vivos en la actualidad. Reconocerás a estos perros porque visten pequeños jerséis tejidos a mano y son, posiblemente, los mejor alimentados del barrio.

BABAS

Desde el día que la adoptaste supiste que acercarle
la cara para hacerle mimos iba a ser como darte una
ducha matinal. Este es el nombre perfecto para ella.
Especialmente indicado para razas grandes. Lógico: a
mayor tamaño, mayor cantidad de secreciones. Eso sí: no
tomes las babas de tu perra como un chiste recurrente. En
ocasiones pueden ser síntoma de una enfermedad.

Ideal para un **bulldog inglés**. Debido a las características
de su hocico, puesto que la piel colgante alrededor de la
mandíbula no les permite recoger bien la saliva. Eso no les
hace menos adorables.
Felicítala el 20 de marzo, Día Mundial de la Salud Bucal.
Aprovecha y hazle una revisión.

CHULA

Se dice de un cierto tipo de persona cuya belleza le hace caer en la altanería y hasta en la petulancia. Traducido al carácter canino: perros tan guapos que parece que miran con cierta distancia. El único trabajo que tiene es ser preciosa y, a menudo, llegarás a sentir frustración porque apenas interactúa contigo. Calma. Si no quiere estar contigo, posiblemente es que ha pasado por una experiencia traumática o, simplemente, es de carácter solitario.

Ideal para un **galgo italiano**, versión en miniatura del galgo de carreras. Pesa en torno a cinco kilos y posee un porte tan elegante que, a veces, la confundirás con un perro de cerámica. Felicítala el 15 de mayo, san Isidro, festividad de Madrid y cuna de todos los chulos y chulas.

GUAPO

Es la palabra que más repites cada vez que ves esos ojos saltones, esas orejitas hacia arriba, ese pelo brillante y ese rabito que se mueve de emoción cada vez que le miras. Así que, ¿por qué no adoptarlo como nombre? Eso sí: prepárate porque muchos te van a censurar, recordándote que debes situarte siempre como líder de la manada. Falso. Lejos de eso, hablar con cariño a los animales facilita el entendimiento.

Ideal para un **bichón frisé**, raza de perros pequeños, con un pelaje blanco como la nieve que contrasta con el negro de los ojos y el hocico. Para enamorarse.
Felicítalo el 9 de septiembre, Día Internacional de la Belleza.

MOPA

El nombre adecuado para ese tipo de perros que parecen más una fregona que un can (¡sí, existen!). Son peludos, tienen una cabellera muy particular y, en ocasiones, cuesta distinguir una figura animal entre ese matorral de cabello. Claro que, por mucho que su aspecto se asemeje a un utensilio de limpieza, nunca vas a conseguir que esta perrita limpie tus suelos. Sentimos desanimarte, pero es más probable que los llene de pelusas.

Ideal para una **pastor bergamasco**, una raza a medio camino entre la fregona y el adorable peluche. Por cierto, es perfecta para la vida en el campo, muy dócil y pacífica. Felicítala el tercer sábado de septiembre, designado como Día Mundial de la Limpieza.

PECAS

Sí, lo sabemos: es muy difícil que una perrita tenga manchas en la piel. Y cuando las tiene, suelen ser por exceso de sol, problemas hormonales o alergias. Pero es que más allá de su significado literal, las pecas están asociadas a un carácter infantil y travieso. A las perritas con este nombre les gusta jugar, jugar y jugar. Desempolva el balón de fútbol y el frisbi, porque te van a tocar muchas horas de campo con ella.

Ideal para una **border terrier**. Pequeña, de apariencia algo rústica y excelente carácter, es una de las razas más cariñosas con los niños. Felicítala el 25 de mayo, Día Internacional de las Manchas Cutáneas.

PeLMA

Aplicado a las personas, define a aquellas persistentemente molestas e inoportunas. Y también a las que tardan en sus acciones. Y, aplicado a los perritos, describe a todos esos te siguen cada vez que mueves un dedo del pie y emiten ruiditos cada vez que intentas concentrarte. Y también a los que no quieren salir de casa cuando les vas a sacar, pero tampoco acuden a tu llamada cuando hay que volver. ¡Ármate de calma con ellos!

Ideal para un **spitz alemán**, un perro inteligente y vivaz que necesita muchos estímulos (a veces demasiados) para mantener su mente ocupada.
Felicítalo que a él le da igual. Es un pelma y va a querer celebrar todos los días.

PeRLA

Un clásico de la joyería, la gema más brillante, la composición perfecta. Todo eso es la perra para sus dueños. El nombre, como otros relativos a piedras preciosas, se utiliza de modo simbólico aludiendo a la belleza. Y, en este caso, a los valores caninos más elevados. La perrita con este nombre es cariñosa, leal y juguetona. Es valiente, equilibrada y sabe cómo despertar la admiración de sus dueños con un simple gesto, desde unos ojitos a un bostezo.

Ideal para una **biewer terrier**, prima hermana del yorkie, pero con un comportamiento más tranquilo y un temperamento más suave. Felicítala el 3 de noviembre, Día Internacional del Joyero.

PONCHO

Prenda de abrigo típica de Sudamérica, de diseño sencillo y tejido grueso. Se dice que la palabra es una castellanización del término quechua punchu. Pero además de eso, es un nombre conciso y con una sonoridad divertida. Está particularmente indicado para esos perritos con complejo de manta a los que les gusta estar siempre sobre las piernas de su dueño. Lo agradecerás en las siestas de invierno y lo rehuirás todo el verano.

Ideal para un **habanero**, un tipo de bichón originario de Cuba que, con su pelaje sedoso y fino, te traerá todo el calor y la alegría del Caribe. Felicítalo el 15 de julio, fecha en la que se celebra el Día del Poncho Tucumano en Argentina.

RASTAS

Hay perritos a los que solo les falta la bandera de Jamaica y el cigarro para parecer gemelos de Bob Marley. Y, al contrario de lo que mucha gente cree, no es un look de peluquería canina de Cabo de Gata, sino que algunas razas desarrollan ese pelaje de forma natural. Llaman tanto la atención que algunos se quedan para siempre con el nombre. Si tienes un «rastas» en casa, recuerda cepillar y cuidar su pelo con frecuencia.

Ideal para un **komondor**, probablemente el perro «rastas» más conocido. En realidad, se trata de una raza de perro guardián y pastor originaria de Hungría.
Felicítalo el 21 de abril, fecha en que se celebra en Jamaica el Groundation Day, fiesta del movimiento rastafari.

TRASTO

Ha traído la alegría a la casa. Incluyendo en el concepto de alegría, conceptos como el destrozo de zapatillas, el pelaje de cables hasta dejarlos en un mero alambre o el derribo de todas las plantas para revolcarse sobre la tierra de las plantas. Pero, aún con todo, sus travesuras son tomadas con indulgencia por toda la familia. Solo un consejo: paciencia (y mucho parque) porque hasta el más inquieto se calma con la edad.

Ideal para un **pinscher miniatura**, algo similar a un doberman en formato bolsillo. Aunque son muy juguetones, también destacan por inteligentes y protectores.
Felicítalo el 28 de mayo, Día Internacional del Juego. Celébralo como a él le gusta.

Otros: Rayo, Golfo, Pico, Pulgas, Fofo, Chiqui, Linda, Bolita, Pelusa, Chispa

Vicente Bustillo

Vicente Bustillo reside en Madrid y es periodista. Trabaja como guionista y colabora con diversos medios. Pero sobre todo, tiene experiencia paseando a su perro.

Durante los últimos catorce años ha dedicado horas y horas a tirarle la pelota una y otra vez, a verle correr en círculo durante horas persiguiendo a otros perros y a apoyarle en su carrera como arqueólogo durante sus concienzudas labores de excavación.

Podría haber dedicado todas esas tardes de parque a cosas mucho más edificantes, pero prefirió invertirlas en observar la relación entre el nombre de cada perro y la personalidad de su dueño.